DISCOURS

POUR RENDRE LES DERNIERS HONNEURS ACADÉMIQUES

A

J. G. SCHWEIGHÆUSER,

PROFESSEUR A LA FACULTÉ DES LETTRES ET AU SÉMINAIRE PROTESTANT DE STRASBOURG, CORRESPONDANT DE L'ACADÉMIE ROYALE DES INSCRIPTIONS ET BELLES-LETTRES, CHEVALIER DE LA LÉGION D'HONNEUR ETC.

PRÉCÉDÉ

DES DISCOURS PRONONCÉS DANS L'ÉGLISE ET SUR LA TOMBE.

DISCOURS

POUR RENDRE LES DERNIERS HONNEURS ACADÉMIQUES

A

J. G. SCHWEIGHÆUSER,

PROFESSEUR A LA FACULTÉ DES LETTRES ET AU SÉMINAIRE PROTESTANT DE STRASBOURG, CORRESPONDANT DE L'ACADÉMIE ROYALE DES INSCRIPTIONS ET BELLES-LETTRES, CHEVALIER DE LA LÉGION D'HONNEUR ETC.

PAR TH. FRITZ,

PROFESSEUR A L'ACADÉMIE ET AU SÉMINAIRE PROTESTANT.

PRÉCÉDÉ

DES DISCOURS PRONONCÉS DANS L'ÉGLISE ET SUR LA TOMBE,

PAR MM. SCHULER, DELCASSO ET KREISS.

STRASBOURG,

DE L'IMPRIMERIE DE FRÉDÉRIC-CHARLES HEITZ,

IMPRIMEUR DU SÉMINAIRE PROTESTANT.

1844.

DISCOURS

PRONONCÉ DANS L'ÉGLISE DE S.-NICOLAS,

LE 16 MARS 1844,

PAR M. SCHULER,

PASTEUR A LA DITE ÉGLISE.

CHRÉTIENS, MES FRÈRES !

Il a plu au souverain dispensateur de la vie et de la mort d'appeler à lui un de nos frères en Jésus-Christ. C'est M. Jean Geofroi Schweighæuser, membre de la légion d'honneur, professeur de l'académie royale et au séminaire protestant de Strasbourg, bibliothécaire honoraire de cette ville, correspondant et membre de plusieurs sociétés savantes et littéraires. Il est né à Strasbourg le 2 Janvier 1776. Il fit ses premières études au gymnase et à l'université de sa ville natale, sous la direction de son père, ce savant profond, cet homme de bien, ce vénérable chrétien, dont la mémoire sera toujours en bénédiction parmi nous. La tourmente révolutionnaire empêcha M. Schweighæuser fils, de fréquenter les universités étrangères. Il fut un des braves qui, lors de l'appel fait à la jeunesse française en 1792, se dévouèrent à la patrie en danger; il s'engagea comme simple volontaire et fit quelques campagnes à l'armée du Rhin. Après ce service rendu à son pays, il consacra sa vie à la science, à la possession de laquelle il réunit le beau talent de la poésie; à laquelle il rendit d'éminents services; qui lui valut l'estime des savants distingués et des honneurs mérités; qui l'occupa, le consola, le ranima dans les tristes jours de ses longues souffrances et jusqu'à la fin. En 1816 il épousa Mlle. Marie Sophie Lauth, fille de M. Lauth, professeur d'anatomie et historien de cette science. En 1829 une maladie nerveuse, dont il souffrait depuis quelque temps, tourna en paralysie, et depuis cette époque il se trouva dans ce triste état. Il est mort avant-hier à 9 heures du matin, à l'âge de 68 ans, 2 mois et 12 jours.

Il a donc cessé de souffrir! L'heure de la délivrance a donc sonné pour lui! Ce furent sans doute là nos premiers sentiments à cette nouvelle, à la nouvelle de la mort de l'homme distingué, du respectable chrétien, dont réunis dans ce temple, qu'il aimait à fréquenter tant que sa santé le lui permit, nous célébrons la mémoire dans ce lugubre moment. D'autres amis, ses collègues surtout, nous le représenteront comme savant, comme écrivain plein de goût et sous d'autres rapports; mais quant à moi, appelé par mon saint ministère à prononcer des paroles de la vie éternelle sur son cercueil, je dois, ce me semble, vous le représenter, comme chrétien souffrant, mais résigné et enfin appelé à la liberté. — Aussi, les regards élevés vers le terme bienheureux de toutes les douleurs, cette consolante expression de l'apôtre (Épître aux Romains Ch. 8, V. 18) se retrace-t-elle à notre esprit : »J'estime qu'il n'y a point de proportion entre les souffrances du temps présent et la gloire à venir, qui doit être manifestée en nous.« — Notre cher défunt a fait maintenant cette grande expérience, la gloire du ciel a été manifestée en lui et du haut de son éternel séjour il regarde en triomphant tout ce qu'il a souffert ici bas. Il a souffert. Hélas! Nous avons vu la pénible situation dans laquelle il se trouvait depuis de longues années; nous l'avons vu sans pouvoir lui porter les secours, que nos cœurs compatissants auraient tant aimé lui prodiguer. Cependant s'il a souffert ce fut en chrétien résigné. J'en ai, me repondit-il, lorsqu'en le voyant pour la dernière fois je lui parlais de résignation. Oui il en avait et toute sa confiance était en Dieu, qu'il connaissait et qu'il aimait.

Cette confiance, mes frères, n'est pas l'objet de notre savoir, ni de nos vains désirs; c'est une tranquille certitude que le sort de l'homme n'est point formé par le hasard, ou par une aveugle nécessité; que ce n'est pas la raison humaine seule qui le dirige; c'est le sentiment profond qu'il est au-dessus de nous une providence infiniment sage et bonne; c'est la grande idée de l'invisible, reconnu par une intime expérience; c'est le paisible repos de notre âme, mais qui, loin de nous rendre inactifs, est la base principale de toutes nos actions et de notre patiente résignation dans les maux inévitables de la terre; c'est enfin la douce espérance d'un avenir plus heureux, qui, au-delà du tombeau, se montre à nos regards. — Vous concevez, mes chers auditeurs, que ce sublime sentiment doit exercer sa salutaire influence dans toutes les situations de la vie; mais que c'est dans la souffrance, que nous devons la sentir le plus vivement. Dieu nous envoie le bonheur pour nous rendre reconnaissants et charitables, mais il se plait aussi à bouleverser nos fortunes, afin que, dans l'ignorance des destins, nous tournions vers lui des regards d'adoration et de crainte. Nous marchons sur le sentier fleuri de la félicité, mais la douleur nous suit, et les larmes tombent dans la coupe des plaisirs. C'est alors surtout que, semblable au pélerin, qui, s'égarant dans d'affreuses solitudes, où mille dangers le menacent, trouve un guide, pour le mener à la belle et heureuse fin de ses fatigues, le chrétien trouve son Dieu, qui lui tend sa main paternelle et secourable, qui le conduit lui-même à travers la route épineuse de ce monde, au but lumineux, où commence la vraie félicité. La religion du Christ est descendue du ciel, pour donner la foi, l'espérance et la charité à ceux, qui écoutent sa voix de paix et de consolation. — Elle est à la vérité pour tous les états et pour tous les rangs de la société, cette divine religion du Christ; cependant elle parait être plus particulièrement destinée aux faibles, qu'elle fortifie et auxquels elle donne bien plus, que les secours bornés et trop souvent insuffisants de la raison et de la constance humaine; aux affligés, qu'elle console, qu'elle soutient par des espérances, qui tendent au-delà de la terre. Et qu'il est doux pour l'homme souffrant, d'avoir cette assurance en Dieu, de savoir qu'il trouvera ailleurs, ce qu'il n'a pu trouver dans ce premier monde, qui ressemble trop peu à l'idéal, qu'il s'est formé et qui repose au fond de son âme.

O cette attrayante image, elle remplissait, oui j'en ai l'assurance, elle remplissait aussi le cœur de notre défunt ami! Élevé par elle au-dessus de ses maux, fort par sa sincère confiance en son Dieu, il ne murmura point des tribulations qu'il lui envoya; il sut que ces épreuves, ces remèdes de l'âme, si j'ose ainsi m'exprimer, devaient servir à son éducation morale, au développement de cette perfection, à laquelle nous sommes tous appelés; il aura dit avec l'apôtre du Seigneur : »Nous ne perdons point courage, mais si notre homme extérieur se détruit, l'intérieur se renouvelle de jour en jour; car notre légère affliction du temps présent produit en nous le poids éternel d'une gloire infiniment excellente; ainsi nous ne regardons point aux choses visibles, mais aux invisibles; car les choses visibles ne sont que pour un temps, mais les invisibles sont éternelles.« Avec de tels sentiments il remplit les préceptes de cet Évangile dont il aimait à s'occuper; il imita son divin sauveur, dont l'exemple est à l'unisson de la doctrine, et qui, obéissant jusqu'à la croix, dit à son père céleste : »Que ta volonté se fasse et non pas la mienne!« Oui il resta digne de lui, celui, auquel, réunis devant Dieu et dans le silence du deuil, nous rendons les derniers devoirs, il voulut vivre et souffrir selon lui et comme lui. Soutenu par sa chrétienne résignation et — malgré le tribut, que, comme nous tous, il paya à l'imperfection humaine — par le témoignage de sa conscience, par sa foi et son attente d'une meilleure vie, il ne craignit pas la mort.

Heureux celui, qui, pouvant regarder avec sérénité la carrière qu'il a fournie ici bas, peut aussi contempler avec sérénité le grand terme, où tout sera consommé; car, durant les vicissitudes du sort humain et l'alternative des plaisirs et des larmes, les années passent et la mort approche. Heureux, si nous ne sommes point surpris et consternés en voyant ce moment fatal s'avancer; si nous ne l'apercevons pas à travers les passions; mais si la religion dicte notre jugement, et si, dans ce dernier combat, la confiance en Dieu maintient notre force et notre courage! Le chrétien ne craint pas la mort; cependant il ne saurait se défendre d'une certaine anxiété en y songeant. Tout changement remplit l'homme d'appréhension et d'incertitude; il ne sait dans quelles relations, dans quelles circonstances il se trouvera, et quelle sera la nature de ses occupations. Le passage de la vie à la mort est le plus grand changement, auquel l'homme soit soumis; il ne fait point ce pas important sans un sentiment involontaire de terreur. Mais le chrétien sait calmer ce pénible sentiment. Il est vrai, se dira-t-il, que la route de l'implacable mort qui n'épargne rien, qui détruit ce qu'il y a de plus illustre, est parsemée de ruines, et que partout des tombeaux nous rappellent que bientôt notre vie ne sera plus, que nous nous soulevons un instant sur l'océan du temps, pour être brisés l'instant après sur le rivage. Mais, aujoutera-t-il, l'âme immortelle reste au milieu des ruines; la communion du pélerin avec l'éternel ami demeure et n'est point passagère. Un amour immortel règne au-dessus de moi, ma vie et ma mort en dépendent, et l'amour ne peut que bien faire. Je ne sais ce que je deviendrai; mais dans ma tendre enfance j'ignorais aussi ce que je deviendrais sur la terre, et cependant ma destinée s'est clairement développée à mes yeux et j'ai marché jusqu'ici sous l'égide de mon Dieu. Avec ma mort une nouvelle carrière s'ouvre à mes regards, j'ignore ce que j'y rencontrerai; mais celui, qui m'a guidé jusqu'à ce jour, ne m'abandonnera pas. Avec ce raisonnement naturel, que son cœur partage, l'homme religieux s'élève à quelque chose de plus grand, que tout ce qu'il a senti encore; l'étroite enceinte de son être semble de toute part s'étendre devant lui; les plus hautes vues remplissent son âme et il voit, pour ainsi dire, cette nouvelle, cette céleste cité, que Dieu a préparée à ceux qui l'aiment. C'est de cet ordre supérieur et invisible des choses que Jésus-Christ tira les consolations, qu'il prodigua aux hommes, qui vivent sans cesse dans l'attente de la mort; il enchaîna le temps à l'éternité, et il expira lui-même avec cette sublime parole : »Mon père, je remets mon esprit entre tes mains!«

Je pense, mes frères, que cette manière d'envisager la mort était celle du respectable chrétien, que nous pleurons. Aussi sa fin n'eut-elle rien d'effrayant; il s'endormit en paix et son âme affranchie de la dépouille de poussière est allée chez son père au ciel. Pleurez donc sa perte vous tous qui l'aimiez; vous surtout son excellente épouse, qui depuis 28 ans, dans la douleur comme dans la joie, fûtes sa meilleure amie, qui l'avez si fidèlement soigné dans sa longue maladie, et qui savez de quoi vous consoler dans votre juste deuil; vous ses dignes frères et sœurs qui eûtes tant d'attention pour ce frère distingué et souffrant; vous les membres de son honorable famille; vous ses collègues et ses nombreux amis; oui rendez lui l'honneur si bien mérité des larmes. Mais rassurez-vous, il n'est pas perdu; il a traversé les flots de la douleur; l'éternel port l'a reçu dans son imperturbable tranquillité; chrétien souffrant il nous a quitté, être libre et bienheureux, il est arrivé avant nous au séjour céleste, où orné de la couronne de l'immortalité il éprouve, il sait qu'il n'y a point de proportion entre les souffrances du temps et la gloire, qui s'est manifestée en lui.

Nous allons donc rendre à la poussière ce qui était poussière en vous, Jean Geoffroi Schweighæuser, mais nous suivons des yeux de la foi votre âme vers Dieu, qui l'avait donnée et qui vient de la recueillir dans son sein. Que vos cendres reposent en paix! Que votre mémoire soit chérie sur la terre! Que le Seigneur console, fortifie ceux, qui vous pleurent et que sa grâce soit avec nous tous! Amen.

DISCOURS

PRONONCÉ SUR LA TOMBE,

Par M. DELCASSO,

DOYEN DE LA FACULTÉ DES LETTRES DE STRASBOURG.

Messieurs,

A quelques jours de distance, la Faculté des lettres a perdu et le digne suppléant et l'illustre titulaire du cours de littérature grecque. Olry, jeune encore, nous a été ravi au milieu des espérances d'une vie si bien commencée; Geoffroi Schweighæuser vient de s'éteindre au terme d'une carrière noblement parcourue.

Héritier d'un nom célèbre, il n'a pas fléchi sous ce poids glorieux. Esprit étendu, riche et varié, en même temps qu'il honorait l'Université et l'Alsace comme philologue et comme antiquaire, il épanchait dans ses relations intimes les trésors inépuisables d'une érudition colorée par la poésie, éclairée par la douce lumière d'une philosophie indulgente.

Les brillantes sociétés où il fut admis dans sa jeunesse, de fréquents voyages, une correspondance étendue lui avaient donné de bonne heure un tact exquis des hommes et des choses, joint à la plus haute impartialité de jugement. Tous ces avantages, le talent, le savoir, les vertus privées et celles du citoyen, il les faisait tourner à la propagation des saines études. Avec quelle bonté prévenante (nous l'avons éprouvé) il accueillait, encourageait les jeunes gens laborieux! comme il mettait libéralement à leur disposition sa bibliothèque, ses conseils, son temps et même ses propres recherches!

Lorsqu'une cruelle maladie l'éloigna prématurément de sa chaire et du monde, son âme, libre et sereine dans un corps qui ne lui obéissait plus, sembla s'éprendre d'un plus vif amour de l'étude. De continuelles lectures ne suffisaient pas à l'activité de sa pensée : il dictait, il écrivait même, autant que le permettait sa vue affaiblie. Il aimait à converser avec les savants que sa réputation attirait dans sa solitude ..... que dis-je, solitude? une famille attentive, des amis empressés venaient journellement recueillir son sourire paternel et ses paroles tour à tour doctes ou gracieuses.

Aussi, Messieurs, nous sommes heureux de le dire, ces longues années n'ont-elles été perdues ni pour la science ni pour l'amitié, assidues consolatrices de notre vénérable maître. Ajoutons qu'elles n'ont pas été perdues pour son bonheur, grâce aux tendres soins d'une admirable épouse, à qui le dévouement semblait ne rien coûter, tant il était naturel. C'est elle qui a su lui rendre douce l'existence, jusqu'au moment suprême où il s'est endormi entre ses bras, pour passer, sous cette angélique influence, à une vie meilleure.

Cher et illustre confrère, dans une autre solennité nous payerons à tes savants travaux un tribut d'admiration et de pieuse gratitude, au nom de l'Académie de Strasbourg. Aujourd'hui, en présence de cette tombe qui va se fermer, l'interprête de tes collègues ne peut trouver que des regrets dans son cœur, que des larmes dans sa parole.

DISCOURS

PRONONCÉ SUR LA TOMBE,

PAR M. KREISS,

PROFESSEUR AU SÉMINAIRE PROTESTANT DE STRASBOURG.

MESSIEURS,

Ce n'est pas dans l'intention de prononcer l'éloge de M. Schweighæuser, que je Vous demande la permission de Vous arrêter quelques instants encore. Dans une solennité académique, un homme plus digne que moi de cet honneur, célébrera bientôt la mémoire et les mérites du savant. Vous retracer les qualités, qui ont distingué l'homme, serait facile dès aujourd'hui, mais, vis-à-vis d'une tombe ouverte, nous sommes appelés à songer plutôt à la miséricorde de Dieu, dans laquelle tous nous avons besoin de mettre la dernière et la plus précieuse de nos espérances. Non, Messieurs, je viens uniquement déposer sur le cercueil de M. Schweighæuser l'hommage de mon attachement et de ma reconnaissance.

Et comment pourrais-je dans ce moment solennel, ne pas me rappeler plus vivement encore que je le fais sans cesse, et ces leçons auxquelles moi aussi j'ai eu le bonheur d'assister, et toutes ces preuves d'intérêt, que j'avais, pendant une longue série d'années, la douce habitude de recevoir de lui? Comment resterais-je froid au souvenir des conseils, des encouragements, des services qu'il me prodiguait dans l'heureux temps, où j'étais son élève?

Si une cruelle destinée, ou plutôt, si Dieu, qui, même quand il nous afflige, ne fait que nous donner de nouvelles preuves de son inépuisable amour, n'avait, il y a long-temps déjà opposé des obstacles insurmontables à l'activité de M. Schweighæuser, un des jeunes gens, qui dans le Séminaire protestant se préparent au saint ministère, prenant au bord de cette tombe la parole au nom de ses compagnons d'études, offrirait au maître chéri le tribut de leur reconnaissance. Mais le bonheur d'être guidé par M. Schweighæuser dans les sentiers de la science a été refusé à nos élèves. Il était juste dès lors qu'un de leurs devanciers prit la place de celui, qui serait aujourd'hui leur organe; et ce devoir mon cœur m'a commandé de le remplir.

Reçois donc, maître chéri, reçois de ma faible bouche l'expression dont ne cesseront jamais d'être pénétré pour toi ceux qui furent tes élèves. Souffre qu'en même temps je t'exprime les regrets de tes collègues. Ils regrettaient depuis long-temps de ne plus te voir associé à leurs travaux; au moins étaient-ils heureux de te savoir près d'eux encore. Ils plaignaient tes longues souffrances; au moins savaient-ils, quelle douceur et quelle patience tu mettais à les supporter; ils savaient surtout, qu'n dévouement admirable t'en allégeait le fardeau. Aujourd'hui ils t'ont perdu tout entier; ton souvenir toutefois restera en honneur au milieu d'eux, comme il restera en honneur dans cette cité.

Repose en paix suprès de ce père, dont tu as dignement porté le nom illustre dans la science. Que la terre te soit légère, et puissions nous un jour te retrouver là, où il n'y a plus de douleur, plus de larmes, plus de trépas! Adieu.

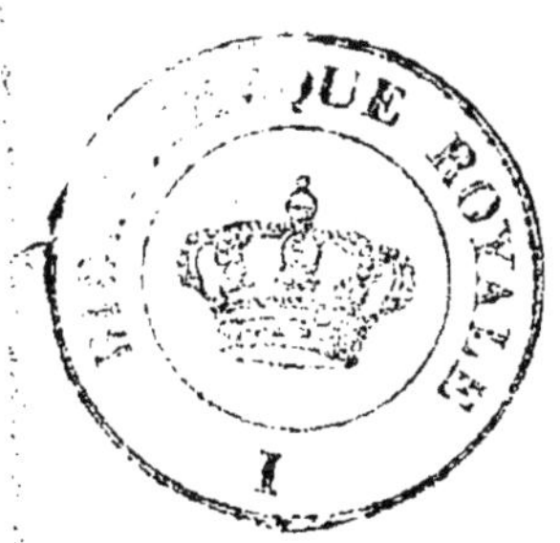

ÉLOGE HISTORIQUE

DE

M. JEAN GEOFFROI SCHWEIGHÆUSER,

PRONONCÉ DANS LA SALLE DES ACTES DU SÉMINAIRE

PAR M. TH. FRITZ,

PROFESSEUR A L'ACADÉMIE ET AU SÉMINAIRE PROTESTANT.

MESSIEURS,

En 1830, le Séminaire protestant de Strasbourg eut à regretter la perte d'un de ses membres les plus respectables. C'était un vieillard de 87 ans; depuis cinq ans seulement il avait quitté la chaire académique, cinq ans avant sa mort il avait publié son dernier ouvrage, résultat d'études longues et profondes, fruit d'une érudition et d'une sagacité étonnantes. Ce noble vieillard avait rempli une carrière académique d'un demi siècle, peu d'années de cette longue vie littéraire s'étaient écoulées sans qu'il n'eût publié quelque ouvrage plus ou moins étendu. Aussi le nom de Monsieur Jean Schweighæuser est-il devenu célèbre dans le monde savant. Ses beaux travaux philologiques font encore l'admiration de tous ceux qui s'occupent avec amour des littératures anciennes.

Aujourd'hui, Messieurs, nous sommes réunis dans cette enceinte pour rendre les derniers honneurs académiques à son fils, mort à l'âge de 68 ans. Au nom de ce savant se rattachait la célébrité du père; quelques travaux littéraires justement estimés avaient fait bien augurer de lui; son début dans la carrière académique avait été brillant. Bien que son nom soit moins connu que celui de son père, on se tromperait en croyant, que les talents, le zèle, la persévérance dans le travail lui ont jamais manqué. Malheureusement un sort cruel lui fit perdre les 15 dernières années de sa vie et la faiblesse de sa vue ne lui permettait pas de prendre sur les heures du repos un temps si nécessaire aux sérieux travaux de la pensée. Si malgré ces obstacles que lui opposait la nature, ce savant a bien mérité de la science, nous devons d'autant plus regretter qu'il ait eu à subir le triste sort qui lui était réservé.

Monsieur Jean Geoffroi Schweighæuser, professeur de littérature grecque à la faculté des lettres de Strasbourg, professeur de littérature ancienne à la section préparatoire du Séminaire, l'un des conservateurs de la bibliothèque du Séminaire et de notre ville, membre de la Société des sciences agriculture et arts de Strasbourg, correspondant de l'Académie royale des Inscriptions et belles-lettres, de la Société royale des antiquaires de France, de la Société des antiquaires de Normandie et de plusieurs autres sociétés savantes françaises et étrangères, chevalier de la légion d'honneur, naquit à Strasbourg le 2 Janvier 1776. Il était le fils aîné du célèbre helléniste. Aussi le jeune Geoffroi, depuis sa première jeunesse, eut-il le bonheur de jouir de cette éducation soignée que des parents cultivés savent donner à leurs enfants.

Sa première éducation, il la reçut toute entière de sa mère. Madame Schweighæuser était une femme distinguée. Douée de beaucoup d'esprit, d'une imagination vive et d'une grande sensibilté; nourrie par la lecture des prodnctions littéraires les plus distinguées de l'époque; entourée des hommes les plus éminents qui aimaient à se réunir dans son salon, — cette femme se plaisait à développer dans le cœur de son enfânt les plus beaux sentiments; à nourrir sa jeune imagination des choses les plus saines, les plus riantes; à occuper sa faible intelligence des objets les plus intéressants pour ce jeune âge. Ses soins furent couronnés d'un succès étonnant. Souvent Madame Schweighæuser récitait au petit Geoffroi des fables allemandes; quel fut son étonnement lorsqu'un jour, ayant dit à peine les premiers mots de l'une de ces fables, qu'elle lui avait fait connaître depuis peu, l'enfant continue et récite le morceau d'un bout à l'autre, quoique d'une voix encore bégayante: il avait alors 18 mois. Emue jusqu'aux larmes, cette bonne mère court auprès de son époux et fait répéter sa leçon à l'enfant. On conçoit qu'un pareil succès enchanta le père et que tous deux augurèrent bien de leur fils. Leur espérance ne fut point trompée. Geoffroi n'avait pas encore six ans qu'il fut admis au nombre des élèves du Gymnase; il en parcourut rapidement toutes les classes, et y occupa toujours un rang très honorable.

A peine âgé de 13 ans, le jeune Schweighæuser fut inscrit au nombre des élèves de l'Université de Strasbourg, et il se voua avec zèle aux études philosophiques pour lesquelles son père lui avait inspiré du goût. Dans une de ses poésies il raconte que cet homme vénérable dirigeait ses études, l'attachait au travail du matin au soir; cultivait en lui le sentiment du devoir, qu'il avait éveillé dans l'âme de l'enfant; lui faisait rechercher un but sérieux jusque dans ses jeux; développait et guidait sa riante imagination, et le faisait tendre sans cesse vers un but idéal qu'il lui peignait des plus belles couleurs. En même temps M. Kieffer, le traducteur du Nouveau-Testament en langue turque, et, après lui, M. Dahler, depuis professeur au Séminaire, servaient au jeune Geoffroi de gouverneur et surveillaient ses travaux. Leur tâche était facile: notre jeune étudiant se vouait à ses occupations avec un zèle qu'il fallait plutôt réprimer qu'exciter: il consacrait aux études une partie de la nuit, malgré la faiblesse de ses yeux et les observations que lui faisait à ce sujet sa mère aimante. Il aspirait à devenir plus tard un philologue aussi distingué que son père, et il n'entreprit rien moins que d'apprendre par cœur Homère d'un bout à l'autre; à un âge avancé il en citait encore de longues tirades. Parmi les autres classiques grecs, ceux qui l'attachaient principalement étaient les tragiques et surtout Sophocle, dont il apprenait aussi par cœur les plus beaux passages. — En même temps il s'occupait de l'étude de la physique, principalement de l'électricité. Enfin, ce qui à cette époque et plus tard contribua d'une manière toute particulière au développement intellectuel du jeune étudiant, c'était l'avantage inappréciable qui lui faisait rencontrer dans la maison paternelle les hommes les plus spirituels et les plus savants, tant de Strasbourg que de l'étranger, attirés de tous côtés par la renommée européenne du père. Ce n'étaient pas de ces cercles nombreux et brillants où la médiocrité se pavane, où la conversation roule sur de beaux riens; mais c'était l'élite des littérateurs, des savants français et étrangers qui recherchaient ces réunions, et venaient y apporter le tribut de leurs talents et de leur érudition. La conversation sérieuse non moins qu'animée, la variété des questions sur lesquelles elle roulait, la renommée des hommes qui y prenaient part, tout devait faire naître dans l'esprit du jeune homme des idées nouvelles, lui faire comprendre l'importance d'occupations sérieuses, lui inspirer l'amour des études solides.

Cependant les événements politiques interrompirent les progrès rapides de Schweighæuser dans cette carrière, ils le détournèrent de ses occupations favorites et le lancèrent au milieu du tumulte de la guerre.

La révolution de 89 avait éclaté au moment où Schweighæuser quitta le Gymnase; elle avait fait de rapides progrès. Les armées ennemies menaçaient le sol de la France; elles franchirent bientôt la frontière; elles venaient faire la guerre non seulement aux hommes, mais surtout aux principes. Un seul cri retentit alors dans toute la France: la patrie est en danger, la liberté est menacée. A ce cri tous les nobles cœurs se sentent émus; partout des bataillons de volontaires se forment; Strasbourg ne reste pas en arrière: elle aussi fournit son contingent. Le maire Dietrich assemble ses concitoyens; son discours empreint d'une mâle éloquence s'empare de tous les esprits; en tête des volontaires il inscrit le nom de son propre fils. Le jeune Schweighæuser, âgé alors de 16 ans, demande et obtient de son père la permission de suivre cet exemple; mais en fils soumis il vole encore auprès de sa mère, pour qu'elle aussi accède à son vœu; puis il se hâte de retourner auprès de ses amis qui se rangent sous les drapeaux: son nom est le seizième sur la liste des volontaires formant le 3me. bataillon du Bas-Rhin. Ce n'est qu'au moment où Schweighæuser, en uniforme, le sac sur le dos, quitta la maison paternelle, que Madame Schweighæuser sentit son cœur défaillir: son premier-né avait toujours été l'objet de sa prédilection.

Ces événements se passaient en Juillet 1792. La garnison qu'on assigna d'abord au bataillon fut la citadelle de Strasbourg; bientôt, sous le commandement de Custine, il se dirigea sur Lauterbourg, occupa le Palatinat et s'arrêta pendant quelque temps à Frankenthal, où les jeunes défenseurs de la liberté reçurent l'accueil le plus cordial, où, pendant quelque temps, des fêtes furent célébrées sans interruption. C'étaient les premiers effets d'un enthousiasme général; l'égalité régnait jusque dans l'armée. Toutefois nos troupes, loin de se livrer à une honteuse indolence, menaient une vie dure et laborieuse; Schweighæuser prenait une part active à tous les exercices militaires, sans jamais perdre de vue les auteurs grecs et latins. Car les études lui restèrent toujours chères, et si la vie des camps n'eut bientôt plus de charmes pour lui, le manque d'occupations faites pour développer son intelligence et pour orner son esprit eut une grande part à ce dégoût. Il accepta avec plaisir la place de secrétaire auprès de M. Mathieu-Fabvier, alors commissaire de guerre; toutefois de temps à autre il prenait part aux travaux et aux fatigues de ses camarades. Bientôt M. Mathieu vint s'établir pour quelque temps à Colmar; Schweighæuser l'y accompagna. Ce déplacement fut pour lui de la plus haute importance: il amena des liaisons suivies et intimes entre lui et Pfeffel. Dès 1760 ce dernier s'était fait connaître comme fabuliste et comme prosateur distingué. Ses petits poëmes, pleins d'esprit et de grace, avaient eu un succès marqué en Allemagne, où il avait pris rang parmi les premiers écrivains dans son genre. Schweighæuser fut accueilli dans la maison de Pfeffel comme on accueille le fils d'un ami; il passa dans cette famille respectable des moments pleins de charme, dont le doux souvenir ne s'est jamais effacé de son cœur. Son âme, naturellement portée aux belles choses, se sentait doucement émue par ce commerce journalier avec le poëte, et, pour me servir de ses propres expressions, Pfeffel lui ouvrit le temple des muses, lui procura des jouissances qui lui étaient restées inconnues jusqu'alors; il fut pour lui un ami, un père et lui apprit à se connaître lui-même.

Ses premiers essais poétiques datent de cette époque; au fur et à mesure qu'il les produisait, il en faisait part à Pfeffel qui, après les avoir examinés avec beaucoup de soin, portait assez souvent un jugement sévère sur des morceaux dont Schweighæuser avait mieux espéré. Mais loin de se sentir blessé par les observations de son ami, il l'en remerciait, retouchait ses compositions, en modifiait même les idées; preuves touchantes d'une modestie bien rare, mais en même temps l'un des plus beaux ornements du jeune homme.

La correspondance que, à cette époque, Schweighæuser ne cessait d'entretenir avec ses parents et sa sœur ainée, nous le fait voir sous un jour non moins favorable; partout on trouve un cœur aimant, des goûts simples et purs, l'amour des beautés de la nature, l'enthousiasme pour tout ce qui est grand et louable, le regret de se voir séparé de sa famille, le désir de faire honneur à ses parents, à sa patrie. Souvent il se plaint de l'imperfection de ses premières études; celles qui lui souriaient le plus étaient la philosophie et l'histoire, qu'il regrettait beaucoup de ne pas posséder à fond; il leur donnait tous les loisirs que lui laissait sa position et depuis il n'abandonna jamais ce genre d'étude.

Peu de temps après son séjour à Colmar, Schweighæuser quitta définitivement la carrière militaire, pour laquelle il ne se sentait aucune vocation et rentra pour quelque temps dans la maison paternelle. C'était en 1796 : l'agitation à laquelle la France était en proie depuis plusieurs années durait encore; les études souffraient; l'expectative d'une carrière académique, fort probable en temps de paix, ne s'offrait qu'incertaine à Schweighæuser à cette époque de dissolution sociale: ce temps était pour lui le temps d'épreuve et de transition. Bien des routes paraissaient s'ouvrir devant lui, mais toutes présentaient des difficultés plus ou moins graves, en partie insurmontables. Aussi flotta-t-il pendant quelque temps entre différentes carrières;

sa correspondance nous fait voir, combien il en souffrait. Bien qu'âgé seulement de 20 ans, il lui en coûtait de se voir à la charge de son père, dont la fortune avait souffert par la révolution et dont les revenus étaient presque insufisants pour l'entretien de sa nombreuse famille. De pareils moments d'incertitude ne laissent pas à l'esprit assez de liberté pour se livrer avec succès à des études sérieuses. Aussi M. Schweighæuser, sans négliger complètement ni ses classiques ni ses philosophes, consacrait-il cependant presque tout son temps à la poésie, lisant les productions de Schiller, de Voss, de Gœthe, de Pfeffel, autant pour en jouir lui-même, que pour les faire connaître à d'autres. En même temps il continuait à s'essayer lui-même à la poésie, en imitant principalement Voss et Pfeffel.

Cependant M. Schweighæuser père s'occupait sans relâche à étudier, à éditer les classiques grecs. Epictète faisait à cette époque l'objet principal de ses recherches. Beaucoup de manuscrits de cet auteur se trouvant à la bibliothèque Nationale et un seul de ces manuscrits ayant été confié à M. Schweighæuser pour être par lui collationné à Strasbourg, il envoya son fils à Paris pour faire ce travail, qui était pour lui de la plus haute importance. Geoffroi s'y livra avec tout le zèle que devait lui inspirer, et l'auteur dont il avait à s'occupper et le plaisir qu'un travail bien fait ne pouvait manquer de procurer à son père. Celui-ci ayant découvert à cette époque un fragment d'Epictète qui comblait une lacune importante dans le manuel de ce philosophe, lacune qui lui faisait dire une absurdité révoltante, il chargea son fils de le lire à la 3me. classe de l'Institut. Il le fit, en ajoutant à la traduction de son père une notice sur l'auteur et sur l'importance du fragment en question. La séance eut lieu le 2 Janvier 1797; Geoffroi atteignait ce jour là sa 21me année; c'était pour lui une bonne fortune que de faire ainsi son entrée dans la république des lettres. La découverte était en outre pleine d'actualité, et elle devait d'autant plus fixer l'attention des membres de l'Institut qu'à cette époque le gouvernement français défendait l'émigration, enlevait aux émigrés tous leurs biens et leur infligeait la peine capitale, tandis que le fragment retrouvé du philosophe grec venait élever la voix, pour déclarer qu'en cas de révolutions, le sage avait le droit d'émigrer et qu'il faisait bien de quitter sa patrie.

Schweighæuser profita de son séjour à Paris, pour faire la connaissance de quelques hommes distingués, et pour nouer des relations qui pouvaient lui être par la suite utiles et agréables. Il passait sa journée avec son ami Lamey; il fréquentait Bitaubé et d'autres littérateurs et savants; enfin il assistait aux séances particulières de l'Institut, séances que des questions assez souvent oiseuses et de petites querelles entre les différents membres, rendaient ordinairement fort peu profitables aux progrès des sciences.

De retour à Strasbourg, Schweighæuser fut autorisé à remplacer son père pour le cours de langue grecque et latine qu'il faisait à l'École centrale. On sait que le programme arrêté pour l'enseignement de ces écoles, en faisait plutôt des académies sur petit pied que des écoles secondaires. Cependant, les connaissances préliminaires manquant à la plupart des élèves, les maîtres dûrent avoir égard à cette ignorance, et descendre dans la sphère des leçons élémentaires, plutôt que de s'élever à la hauteur de l'enseignement supérieur. De pareilles leçons ne pouvaient convenir au goût de Schweighæuser, et quoiqu'il remplaçât son père à l'École centrale aussi souvent que celui-ci se voyait empêché de faire lui-même ses cours, il aspirait à une carrière plus conforme à ses désirs.

Vers la fin de 1798 il fit un second voyage à Paris; c'était encore son père qui le lui faisait entreprendre. Occupé de l'édition d'Athénée, ce savant avait reconnu l'importance d'un manuscrit datant du 10e siècle, ayant appartenu au cardinal Bessarion, ayant passé ensuite, au 15e siècle, à la bibliothèque de St-Marc de Venise, et enfin depuis peu à la bibliothèque Nationale. C'est sur ce manuscrit qu'ont été faites toutes les autres copies que nous avons de cet auteur; car les lacunes y sont les mêmes partout, sans que cependant les copies les indiquent. L'examen du manuscrit demandait un soin minutieux; aussi le travail de Schweighæuser indiquait toutes les variantes, en prenant pour base l'édition de Casaubon; il signalait les passages présentant des lettres, des phrases, des mots effacés, enfin il notait soigneusement les mots qui terminaient, et ceux qui commençaient les feuilles entre lesquelles il existait quelque lacune. Tout cela était fait avec tant de soin et de talent, que M. Schweighæuser, père, disait, qu'aussi souvent qu'il jetait les yeux sur ce travail de son fils, il croyait avoir en main le manuscrit même; — témoignage d'autant plus flatteur que, à cette époque encore, le célèbre philologue ne ménageait à son fils aucun reproche, dès qu'il le croyait en défaut.

Mais les recherches de Geoffroi Schweighæuser ne se bornèrent pas aux ouvrages d'Athénée; son père, ayant l'intention de donner une édition critique du tableau de Cébès, le chargea de collationner les quatre manuscrits les plus importants de la bibliothèque nationale. Les études particulières de Schweighæuser étaient consacrées à quelques autres auteurs grecs; il fournissait à M. Millin des articles pour le *Magasin encyclopédique*. Il envoyait aussi beaucoup de poésies allemandes à un recueil intitulé *Flora*, qui se publiait à Tubingue. — Quelque temps après, ayant fait une visite à M. Cotta, éditeur de ce recueil, il trouva auprès de lui le comte Louis de Narbonne, Suard, Camille Jourdan, de Gérando et d'autres littérateurs français, que différents motifs avaient bannis ou éloignés de la France, et qui, quoique d'opinions politiques assez divergentes, vivaient étroitement unis dans cette petite ville, qui leur offrait quelques ressources littéraires. Nous verrons plus loin combien ses relations avec Cotta devinrent importantes pour Schweighæuser.

A Paris, il renouvela les connaissances qu'il y avait faites lors de son premier séjour et en forma de nouvelles. Il fut admis dans les cercles brillants de Mme de Staël, où se réunissaient alors Chénier, Lemercier, Daunou, Ginguené, Benjamin Constant, Andrieux, écoutant avec l'admiration d'un jeune littérateur cette femme, dont le charme était irrésistible sur tous les esprits. Depuis cette époque, ses relations avec Mme de Staël et A. G. Schlegel, qui, plus tard, accompagna cette femme célèbre dans ses voyages, ne furent interrompues que par la mort. Quelque temps après, le célèbre auteur de Corinne et de l'Allemagne donna à notre littérateur un témoignage flatteur d'estime, en l'engageant à entrer dans sa maison comme gouverneur de son fils; offre que Schweighæuser ne refusa que parce qu'il était défendu à la fille de M. Necker de séjourner à Paris. — Quant à Schlegel, quoique ce poëte fit une heureuse impression sur lui, M. Schweighæuser ne pouvait partager ses idées sur l'essence de la poésie, moins encore son amour exalté pour la poésie du moyen âge; il lui avouait naïvement que parmi ses poésies, il y en avait plus d'une que lui, Schweighæuser, ne comprenait pas, et que toute l'école romantique allemande, à peu d'exceptions près, n'avait produit que des œuvres assez médiocres. Parmi les auteurs de cette école qu'il mettait hors de ligne, était Tieck, dont plusieurs ouvrages en effet, portent le cachet d'un talent distingué.

Bientôt Schweighæuser se vit rappelé à Strasbourg par la loi sur la conscription; la faiblesse de sa vue lui ayant procuré une exemption de service, il retourna à Paris, où il jouissait déjà d'une certaine renommée. Elle ne suffisait cependant pas pour lui procurer une place; le ministre, il est vrai, ne manquait pas de lui faire des promesses, déclarant que les titres qu'il faisait valoir étaient plus que recommandables. Enfin, dégoûté de ces promesses vaines, il accepta une place qui paraissait lui offrir divers avantages importants : il entreprit de faire l'éducation du fils de M. Guillaume de Humboldt. Schweighæuser avait accepté cette place dans l'espérance de faire avec le célèbre diplomate des voyages dans les pays les plus intéressants de l'Europe. Cet espoir ayant été trompé, il quitta son élève, après avoir fait sur ses parents une impression si honorable, que plusieurs années après, M. de Humboldt lui écrivit, pour le prier de revenir dans sa famille ou de lui procurer un gouverneur dont les talents et les qualités fussent, autant que possible, conformes aux siens.

En 1802 Schweighæuser fut chargé par le comte

de Schlaberndorf, homme aussi distingué que peu connu, de soigner une édition stéréotype du 3e volume des *Caractères de Labruyère*, comprenant les *Caractères de Théophraste*. Dans cette édition, qui a été souvent réimprimée, il ajouta au texte beaucoup de notes et un *Essai sur l'histoire de la philosophie depuis les temps les plus reculés jusqu'à Théophraste*. A la même époque, d'après les conseils de M. de Ste Croix, il entreprit un travail beaucoup plus important que tous ceux auxquels il s'était livré jusqu'alors; c'était la traduction des *Indiques d'Arrien*, ouvrage qui résume toutes les connaissances des anciens sur l'Inde, et dont il n'existe aucune traduction en français. Depuis long-temps les traditions que l'antiquité nous a conservées, soit dans nos livres sacrés, soit dans les mythologies et cosmogonies des nations payennes, intéressaient beaucoup M. Schweighæuser. Pénétré d'un profond sentiment religieux, son cœur aussi bien que son esprit, avait besoin de s'occuper de sujets religieux, d'en faire l'objet de ses méditations, d'y revenir souvent. Deux choses fixaient principalement son attention, les deux questions les plus graves que l'homme puisse se poser : que savons-nous de Dieu et de ses relations avec l'homme, que savons-nous de notre destinée future? M. Schweighæuser croyait trouver la solution de ces questions dans les différentes traditions dont nous venons de parler. Partant du principe biblique, d'après lequel »Dieu n'a jamais cessé de rendre témoignage de ce qu'il est,« [1]) il pensait que toutes les nations avaient reçu des révélations plus ou moins claires, plus ou moins bien conservées par la tradition; les mythes religieux bien interprétés lui paraissaient renfermer ces doctrines, et la clé de ces mythes une fois trouvée, il espérait que l'ensemble de la révélation nous aparaîtrait dans toute sa grandeur, dans toute sa sublime beauté. — Son travail sur les Indiques se divise en deux parties : l'une comprend la traduction et la critique du texte, l'autre les notes historiques et philosophiques. Revue sur les manuscrits, la traduction est faite avec le plus grand soin; le texte, corrigé dans plus d'un endroit, a gagné en exactitude et en clarté, les meilleurs auteurs critiques avaient été consultés. Les notes, fruit d'immenses recherches, renferment tout ce que l'antiquité et les auteurs modernes pouvaient fournir à l'éclaircissement du sujet. Ces notes devinrent bientôt si nombreuses et si étendues qu'elles purent former un ouvrage à part que Schweighæuser avait l'intention de publier sous le titre de : *Recherches critiques sur l'histoire primitive et l'origine de la civilisation des Indiens et des autres peuples anciens en général.* Les combinaisons les plus ingénieuses s'y trouvent à chaque page, à côté d'une foule de matériaux précieux et de renseignements aussi neufs qu'inattendus. On

1) Actes XIV, 17.

pourra se faire de cet immense travail une idée qui restera peut-être bien loin de la réalité, lorsqu'on saura que parmi les anciens, notre ami a consulté avec le plus grand soin Hérodote, Strabon, Diodore de Sicile, Ctésias, les lois de Manou, l'Oupnékat, le Zendavesta, Eusèbe et le livre Cosri, parmi les modernes Selden, Jablonski, Brucker, Ludolf, Paullinus (systema Brahmanicum), les Lettres édifiantes, les Recherches asiatiques, Rennel, Thévenot, Bruce et d'autres historiens et voyageurs, enfin qu'il entra en correspondance à ce même sujet avec MM. Silvestre de Sacy, Langlais, Lanjuinais, Visconti, Barbié du Bocage, Van Bavière, Van Præt, de Gérando, Schweighæuser père et d'autres. Plusieurs de ces savants lui fournirent des observations et des renseignements précieux : son père pour la critique et l'interprétation du texte, M. de Sacy pour l'étymologie, M. du Bocage pour la géographie ancienne. Ce dernier devait aussi fournir des cartes et une dissertation. Un pareil ouvrage n'était pas le fruit de quelques mois, ni de quelques années d'études; M. Schweighæuser, qui l'avait commencé en 1802, s'en occupait encore en 1814, plus tard, même sur son lit de souffrance, les idées que ces recherches lui avaient suggérées, l'occupaient de préférence. Malheureusement ce beau travail n'a pas vu le jour : la faillite du libraire qui devait le faire paraître en a empêché la publication. Il est d'autant plus à regretter qu'une autre occasion de le livrer au public ne se soit point offerte à Schweighæuser, que son père, juge sévère de ses travaux, lui avait dit, en apprenant le malheur arrivé au libraire : j'avais toujours espéré que cet ouvrage non seulement te ferait infiniment honneur, mais qu'il t'ouvrirait la carrière à laquelle tu t'es destiné.

Nous avons anticipé sur la marche des évènements: M. Schweighæuser avait été chargé de l'éducation du fils de M. Voyer-d'Argenson et avait accompagné la famille dans ses terres, situées aux Ormes; bientôt il fut atteint d'une fièvre endémique. Obligé de quitter, pour rétablir sa santé, il se rendit à Paris en 1803. Là de nombreuses occupations littéraires l'attendaient. Outre les auteurs grecs qui ne cessaient de l'occuper, il se livrait avec assiduité à l'étude des classiques allemands et français, et dans des articles qu'il fournissait à des journaux de ces deux nations, il travaillait à leur apprendre à mieux s'apprécier mutuellement. Lors de son second voyage à Paris, il avait déjà contracté des engagements avec le libraire Cotta, auquel il fournissait des articles pour un journal qu'il publiait. Depuis, il étendit ses relations, et fit la connaissance du rédacteur d'un journal allemand, dont le but spécial était d'éclairer l'opinion de l'Allemagne sur la France. Un pareil journal ne pouvait être rédigé qu'à Paris, et avec le secours d'un certain nombre de collaborateurs, répandus dans les cercles de la haute société française, et connaissant en même temps les besoins de l'Allemagne. M. Schweighæuser remplissait ces conditions, et il fut l'un des principaux collaborateurs du journal qui parut à Tubingue depuis 1803, sous le titre de *Mélanges françaises (französische Miscellen)*. Les articles qu'il y a fait insérer concernent la littérature et le théâtre français, les établissements publics d'instruction, tels que l'Institut, les écoles publiques, les bibliothèques. En même temps il fournissait à M. Millin des articles pour le *Magasin encyclopédique*, où il retraçait les progrès de la littérature allemande, analysant les nouvelles productions de Gœthe et d'autres écrivains distingués. Sous la direction de Suard, il travaillait au *Publiciste* et aux *Archives littéraires*. Il fréquentait les soirées de cet aimable littérateur, où se réunissait l'élite des bons esprits d'alors. Chacun réservait pour ce cercle intime ce qu'il avait de plus spirituel à raconter; le savoir y brillait sans pédantisme et l'esprit sans prétention. Schweighæuser s'y faisait remarquer par le fruit de ses lectures, par la plus heureuse combinaison de l'érudition allemande présentée avec la grâce de l'esprit français; et c'est là ce qui, joint à son caractère aimable, le faisait rechercher par tant d'hommes distingués. — Enfin il rédigea, sous la direction du célèbre Visconti, le texte de la collection du *Musée Napoléon*, travail qui exigeait un soin tout particulier, vu qu'il s'adressait à un public éclairé. Visconti n'eut qu'à se louer de son collaborateur, dont les observations étaient aussi spirituelles que profondes, et il regretta vivement qu'une nouvelle maladie força Schweighæuser à rentrer pendant quelque temps dans sa famille, pour y rétablir sa santé, altérée par les occupations trop nombreuses auxquelles il s'était livré.

Un de ses amis, aujourd'hui professeur à la faculté de droit, l'avait remplacé auprès de M. d'Argenson ; sa santé étant rétablie, il reprit ses fonctions, d'abord aux Ormes, ensuite à Anvers, M. d'Argenson ayant été nommé, en 1809, Préfet du département des Deux-Nêthes.

La reprise de ces fonctions ne l'empêcha pas de se livrer avec assiduité à des travaux littéraires et relatifs aux beaux-arts. Parmi les articles qu'il envoyait alors aux *Archives littéraires*, on remarque un morceeu *sur l'histoire de la philosophie en France pendant le 18e siècle*. Ce n'était qu'un fragment, extrait d'un ouvrage étendu, que Schweighæuser venait de terminer, sous le titre de : *Tableau littéraire de la France au 18e siècle*. L'ouvrage avait été provoqué par une question proposée par l'Institut et à laquelle nous devons le beau *Tableau de la littérature française au 18e siècle* par M. de Barante. Riche en données historiques et littéraires, en jugements sains, sévères partout où il le faut, ce vaste travail embrasse les écrivains de tous les genres, poëtes et prosateurs, philosophes et historiens. S'élevant au-dessus de son sujet et faisant entrer dans son cadre tout ce qui devait exercer par la suite une influence puissante sur notre littérature, Schweighæuser a parlé dans son travail des créations nouvelles, amenées par la révolution de 89, des Écoles centrales, de l'École polytechnique, de l'Institut. Il est à regretter que ce travail, remanié plusieurs fois, n'ait pas été publié; il l'eût mérité pour les précieux renseignements qu'il renferme.

Pendant son séjour à Anvers, M. Schweighæuser fit imprimer un *Tableau chronologique des peintres les plus célèbres, depuis la renaissance de l'art jusqu'à la fin du 18e siècle, distribué par écoles et par siècles.* Ce tableau présente d'abord un aperçu de l'histoire de la peinture, retraçant en peu de mots la renaissance de cet art, son développement, l'époque de sa décadence et la renaissance du bon goût, vers le milieu du siècle passé. L'auteur parle ensuite de chaque peintre célèbre en particulier, et détermine, par de courtes observations, l'importance de ces différents artistes et l'influence qu'ils ont exercée sur la peinture. Depuis, ce tableau a été traduit en allemand par M. Iken de Brême, et exposé dans plusieurs musées des Pays-Bas et de l'Allemagne

Cependant les divers travaux de M. Schweighæuser, importants pour la science et la littérature, ne lui avaient pas encore donné une position stable, et quelqu'agréable que fût son séjour dans la famille d'Argenson, il désirait depuis long-temps pouvoir revenir à Strasbourg, où l'attiraient des liens de parenté et des liaisons nombreuses. En 1810, lors de la formation de l'université, il fut nommé professeur adjoint de son père, nommé lui-même doyen de la faculté des lettres de Strasbourg, et professeur de littérature grecque. Cependant il ne put revenir dans cette ville qu'en 1812, époque à laquelle il fut appelé comme professeur de littérature ancienne dans la section préparatoire de notre Séminaire. Son élève, M. d'Argenson, ainsi que M. Pontois, fils d'un ami de la famille d'Argenson, l'accompagnèrent à Strasbourg, pour y compléter leurs études.

Les cours de M. Schweighæuser portaient sur les auteurs classiques grecs et latins et sur l'esthétique. C'est surtout dans cette dernière partie de son enseignement qu'il savait captiver l'attention de ses élèves, éveiller leur intérêt pour la science qu'il traitait, diriger leur jugement par des observations judicieuses. Il les conduisait à l'atelier d'Ohmacht, au musée de peinture de la ville, au cabinet d'antiquités de la bibliothèque publique et les rendait attentifs aux progrès et à la décadence de l'art, aux qualités non moins qu'aux défauts des objets qu'il soumettait à leur examen. Partout se montrait l'homme de goût qui avait beaucoup vu, beaucoup étudié, comparé les meilleures productions de tous les temps et qui, sous la direction d'hommes éminents, avait acquis un jugement aussi sain qu'impartial. Aussi ses élèves profitaient beaucoup de ses leçons, et tous ceux qui aimaient l'étude et qu'il admettait dans son intimité lui vouaient une reconnaissance et un attachement éternels.

A la même époque M. Schweighæuser avait été chargé par le Séminaire d'écrire la *Vie de M. Koch,* ancien tribun, professeur d'histoire au Séminaire et auteur du célèbre *Tableau des révolutions de l'Europe,* fruit d'études profondes et d'un talent d'historien distingué. Il s'acquitta de cette nouvelle tâche avec talent et tout le zèle qu'on pouvait attendre de lui; dans son travail il faisait ressortir l'érudition du savant, les nobles efforts du diplomate, les vertus domestiques de l'homme privé. Aussi cette courte biographie fut-elle reçue avec les éloges les plus flatteurs par tous ceux qui avaient connu le savant historien.

En 1815, M. Schweighæuser remplaça son père comme bibliothécaire du Séminaire et de la ville et fit faire à ces établissements beaucoup d'acquisitions utiles, surtout en fait d'antiquités et d'ouvrages relatifs à l'histoire et à l'archéologie. Car les études historiques avaient toujours eu beaucoup d'attrait pour lui; jamais il ne les avait complètement négligées : le musée d'antiquités, réuni par Schœpflin et joint à notre bibliothèque; plus tard des fouilles ordonnées par le maire de Strasbourg, l'amenèrent de nouveau à s'occuper de ce genre d'études, surtout des antiquités de l'Alsace.

Son zèle fut accru par la découverte d'un four romain pour la confection de la poterie rouge, très compliqué et garni d'un très grand nombre de tuyeaux. Cette découverte intéressante était due à la rectification d'une route. M. Schweighæuser se rendit plusieurs fois sur les lieux; il trouva le four assez bien conservé, quantité de fragments de poterie rouge et des moules ayant servi aux anciens propriétaires. Il fit faire plusieurs dessins du four et un modèle en petit, qu'on voit encore au musée de la ville. La route passant sur une partie du four on a été obligé depuis de le recouvrir, ce qui donne d'autant plus d'importance aux travaux de notre collègue sur cet intéressant objet.

L'Institut ayant demandé, en 1819, aux départements des *rapports sur les antiquités locales*, M. Schweighæuser s'occupa de ce travail avec tant de succès qu'il obtint la médaille décernée à ce sujet. Il avait été décidé qu'on ne la donnerait qu'une fois à la même personne; mais l'Institut déclara plusieurs années de suite, que les mémoires de M. Schweighæuser étaient les meilleurs, et l'Académie royale des Inscriptions et Belles-lettres, en 1823, le nomma l'un de ses membres correspondants. Aussi ses recherches étaient-elles faites avec le zèle le plus consciencieux; jamais il ne se contentait d'un examen superficiel; ordinairement, après avoir pris des notes sur les lieux mêmes, il revenait à Strasbourg, pour les rédiger, mais fort souvent, et dès qu'un doute lui restait, il retournait auprès du monument qu'il devait décrire, ou bien il se faisait fournir de nouveaux renseignements par des personnes des environs. Il avait un talent particulier pour découvrir ceux qui s'intéressaient à de pareilles recherches, pour faire naître dans les autres le zèle qu'il avait lui-même pour cette partie de la science. Dans une *Notice,* insérée dans l'Annuaire du Bas-Rhin de 1822, il fait l'énumération des personnes dont il a eu à se louer principalement à ce sujet; cette liste renferme pour notre département environ trente noms propres. Les fruits de ces recherches ont été consignés dans les *Mémoires de l'Institut,* en partie dans la *Notice* dont nous venons de parler, en partie encore dans un extrait du *quatrième Mémoire,* publié séparément.[1])

Encouragé par le succès de ces différents travaux, M. Schweighæuser entreprit un travail d'une plus grande étendue. Depuis Schœpflin il n'avait plus été publié d'ouvrage important sur l'histoire et les monuments de l'Alsace; encore ce beau travail n'était-il accessible qu'au savant, et relégué dans les bibliothèques publiques ou dans celles des érudits. Notre collègue conçut l'idée d'un travail, basé sur des études solides, mais destiné à l'homme du monde plutôt qu'au savant, orné de dessins, représentant les principaux sites, les vues les plus pitto-

1) Strasbourg. in-8. sans date.

resques et offrant en même temps un intérêt historique. Quoiqu'il eût fait beaucoup de recherches sur l'histoire et les antiquités de toute l'Alsace, il préféra partager le travail et, abandonnant le Haut-Rhin à un de ses amis, ne s'occuper que du Bas-Rhin. Telle fut l'origine du bel ouvrage ayant pour titre *Antiquités de l'Alsace, ou châteaux, églises et autres monuments des départements du Haut- et du Bas-Rhin par MM. de Golbéry et Schweighæuser.* [1]) Cet ouvrage, orné de lithographies bien exécutées, eut un tel succès que bientôt il ne resta plus un seul exemplaire dans le commerce. Aussi méritait-il cette distinction. Sans parler de la partie rédigée par la plume habile de M. de Golbéry, un coup-d'œil jeté sur le volume relatif au Bas-Rhin fait reconnaître une histoire détaillée de ce département, rattachée à la description de ses anciens monuments qui y sont examinés avec le plus grand soin et décrits avec un talent distingué; partout on reconnaît l'étude approfondie des auteurs qui ont traité cette matière. Les monuments druidiques, dont on rencontre quelques vestiges dans notre département; les routes romaines qui l'ont traversé; les établissements que ces conquérants du monde y avaient fondés; tous les débris de leur puissance; les monuments gallo-romains; les plus anciennes statues et constructions chrétiennes; l'art

---

1) Strasbourg, 1823-1828. in-folio.

et les institutions importantes du moyen âge ; — tout y est traité avec soin; jamais avant lui, ni l'ensemble, ni le détail de l'histoire de l'Alsace, n'avaient été réunis avec autant de succès dans un cadre resserré et présentés sous une forme aussi agréable que simple.

Les recherches nécessaires pour cet important travail, avaient attiré l'attention de notre collègue sur l'un des plus anciens monuments de l'Alsace, le mur payen *(Heidenmauer)* et sur le plus beau monument de Strasbourg, la cathédrale. Il examina cet édifice dans tous ses détails, fit les recherches les plus minutieuses sur l'origine de ses différentes parties et sur le caractère particulier de chaque époque. Il déposa le fruit de ses études dans ses *Vues pittoresques de la Cathédrale de Strasbourg et détails remarquables de ce monument.* [1]) Pour satisfaire l'amateur autant que l'homme de l'art, M. Schweighæuser donna dans cet ouvrage, des vues pittoresques de l'extérieur et de l'intérieur de l'église, une élévation géométrale de la façade principale et de la flèche, le plan de l'édifice, enfin le détail des chapiteaux les plus intéressants. Le texte contient la description et l'histoire complète de ce beau monument. D'après le vœu de l'éditeur, l'auteur a rejeté dans des notes tout ce qui n'intéresse que l'érudit; mais l'ensemble du travail n'en est pas moins le fruit de recherches profondes et d'un

---

1) Strasbourg, 1827. folio.

examen savant de tous les objets importants qui se présentent dans le cours de l'ouvrage.

L'enceinte, connue sous le nom du *mur payen*, est l'un des monuments les plus curieux d'une époque probablement antérieure à la domination romaine dans l'Alsace. Plusieurs plans de cette construction gigantesque avaient été dressés avant M. Schweighæuser, mais aucun ne reposait sur de solides études géométriques. Pour éviter de semblables erreurs, notre collègue profita de la bienveillance du propriétaire du couvent de S[te]. Odile et s'établit sur la montagne, employant plusieurs semaines à faire lever le plan du mur avec le plus grand soin. M. Thomassin, capitaine d'artillerie, ami de M. Schweighæuser, exécuta le dessin auquel notre savant professeur ajouta une *Notice* détaillée [1]) sur cette enceinte, qui embrasse une surface de 1,006,000 mètres quarrés et dont les murs s'élevaient autrefois à plus de trois mètres au-dessus du sol. Les résultats des recherches de M. Schweighæuser au sujet de la destination de ce monument ne permettent guère de douter qu'il n'ait été élevé par les Gaulois ou Celtes, pour servir de rempart contre les invasions ennemies, et qu'un motif religieux ne soit venu se joindre à celui d'une simple défense.

En 1826, M. Schweighæuser fit un voyage sur les

---

1) Cette notice a été publiée en français et en allemand. Strasbourg, 1825. 8.

bords du Rhin, jusqu'à Cologne, en revenant par Luxembourg et Trèves, visitant, examinant partout avec soin les monuments anciens et ceux du moyen âge, les cabinets et les musées renfermant des objets d'art. Les résultats de ce voyage sont consignés pour ce qui concerne les antiquités romaines, dans la feuille littéraire, intitulée le *Morgenblatt*, et pour l'architecture du moyen âge tant byzantine que gothique, dans les *Mémoires des antiquaires de Normandie*. En ne s'appuyant que sur des documents authentiques, M. Schweighæuser a prouvé que l'origine de plusieurs de ces édifices est de quelques siècles moins ancienne qu'on ne le suppose ordinairement.

Toutes ces recherches ne faisaient pas oublier à notre savant ami les événements importants qui se passaient autour de lui; et lorsque les grecs entreprirent cette lutte glorieuse contre les oppresseurs de leur patrie, son cœur battit de joie. Dans un discours, prononcé en 1821, à la séance publique de la société des sciences, agriculture et arts de Strasbourg, il rappela *les services que les grecs ont rendus à la civilisation*, pour réveiller dans ses auditeurs la sympathie que méritaient tant d'efforts. Aux bienfaits que l'Europe doit à l'ancienne Grèce, il opposait le joug sous lequel gémissaient alors les descendants des Miltiade et des Thémistocle, et il terminait par ces mots : «tout homme sensible et reconnaissant, et surtout l'ami des lettres et des arts, qui doit à ces illustres contrées ses plus nobles plaisirs et ses plus douces inspirations, pourrait-il s'interdire la compassion pour les malheurs qui les accablent, et le pieux désir d'y voir renaître les jours libérateurs de Marathon et de Salamine, et, s'il était possible, ces temps fortunés où Platon y écoutait Socrate, et où les chants d'Homère et les chœurs de Sophocle y résonnaient auprès de la tribune de Périclès et des temples de Phidias?» — Qui d'entre nous, ne joindrait ses vœux à ceux de notre excellent ami!

Jusqu'ici, nous n'avons presque pas parlé des études philosophiques et religieuses de M. Schweighæuser. A cette époque ses idées sur les principaux problêmes de la vie étaient muries; depuis quelque temps il cherchait à leur donner une forme déterminée. Outre son travail sur les Indiques d'Arrien, dont il a été question plus haut, ses recherches sur un autre auteur grec avaient exercé sur lui une très grande influence; c'était le Syncelle. L'Institut ayant proposé un prix pour *l'examen critique des sources de la chronographie de Georges, dit le Syncelle*, M. Schweighæuser s'était proposé d'abord de ne donner qu'une traduction soignée de cet auteur, faite en faveur de ceux qui désiraient concourir, et accompagnée d'un commentaire qui devait résoudre les principales difficultés, en puisant surtout dans les anciens. Bientôt le sujet l'occupa plus particulièrement. Nous avons déjà vu que les anciennes traditions religieuses lui parraissaient renfermer bien des vérités importantes. Il croyait «que l'examen impartial du Syncelle, composé presqu'entièrement de fragments d'historiens anciens, perdus aujourd'hui, pouvait contribuer, comme il s'exprimait, à répandre des idées plus vastes et à rendre notre manière d'envisager et d'écrire l'histoire universelle moins bornée.» Si dans son travail, M. Schweighæuser n'a peut-être pas fait une part assez large à la critique des auteurs orientaux, dont il admet avec trop de confiance les chiffres évidemment outrés, ses études sur un auteur assez négligé avant lui n'en renferment pas moins une foule d'idées neuves et hardies sur l'histoire des peuples orientaux et même sur celle de la partie du monde que nous habitons; elles sont pleines de combinaisons toujours frappantes, quoiqu'en partie plus ingénieuses que justes, basées souvent sur des suppositions fort douteuses et manquant d'un fondement historique solide. — Le travail fort étendu de M. Schweighæuser n'a pas été publié; mais les idées qu'il y avait développées ne cessèrent jamais de l'occuper et donnèrent lieu à un poëme dont quelques fragments ont été imprimés, l'un sous le titre suivant: *l'histoire universelle sacrée ou les anciennes religions et Jésus-Christ,* [1]) l'autre sous ce titre: *les degrés de la culture.* [2]) Ce poëme devait embrasser tout ce que l'histoire et

1) Die heilige Weltgeschichte, oder die alten Religionen und Christus. Strasbourg. 8. sans date.

2) Die Stufen der Bildung. Chant 1er. inséré dans *Feierstunden*. Brünn 1821.

la philosophie présentent d'important, de sublime. M. Schweighæuser pensait que «sommet et point culminant des doctrines religieuses, le christianisme aparaît à tous ceux qui veulent se donner la peine de s'en pénétrer, comme la plus belle, la plus miraculeuse lumière donnée aux hommes pour les guider dans la recherche des vérités éternelles. Ces vérités se rapportent à Dieu, au monde physique et au monde immatériel, à l'âme humaine et à sa destinée future. En donnant une sanction divine aux lois de la morale les mieux faites pour nous rendre heureux; en rejetant toute vaine spéculation, sans but pratique; élevant aux actions les plus sublimes tous ceux qui s'en sont pénétrés; unissant par les liens d'une fraternité commune tous ceux qui savent reconnaître le but vers lequel doivent tendre nos efforts; — le christianisme mérite la préférence sur toutes les religions de la terre, quoique le paganisme renferme aussi les traces de vérités grandes et fécondes. D'un autre côté les enseignements du christianisme, tels qu'une dogmatique quelquefois étroite les a formulés, doivent être envisagés sous un point de vue supérieur à celui où l'on se place ordinairement.» En conséquence M. Schweighæuser admet des interprétations symboliques, allégoriques, mythiques même, tant de l'Ancien que du Nouveau Testament. Son poëme, restreint d'abord à trois chants, se développa peu à peu sous sa main, et devait enfin embrasser les sept livres suivants: 1. les créations, 2. le monde primitif, 3. les mystères payens, 4. la civilisation ancienne, 5. le christianisme, 6. la civilisation moderne, 7. l'avenir.

Rédigé d'après le premier plan, le poëme complet existe en manuscrit; une foule d'additions et de développements sont joints à toutes ses parties, sans être toutefois achevés. Les vers sont harmonieux; des notes, en partie très savantes, accompagnent les deux premiers chants; le troisième en manque. L'occasion de publier son travail ne s'étant point présentée, l'auteur ne l'acheva pas complètement; mais les idées que ce poëme renferme l'occupèrent jusque sur son lit de mort et, en effet, ne sont-elles pas faites pour intéresser vivement tout homme qui a le sentiment de la destinée qui nous attend au-delà du tombeau!

Depuis son voyage sur les bords du Rhin, M. Schweighæuser, souffrait d'une longue maladie nerveuse qui, très souvent, ne lui permettait pas de travailler, accompagnée qu'elle était de longues insomnies; en 1829, elle tourna en paralysie. Ce triste état le força de renoncer à l'enseignement académique; mais il ne s'occupa qu'avec plus d'ardeur d'études archéologiques. En 1832 il fit l'acquisition d'une collection d'antiquités gallo-romaines et d'objets de poterie trouvés à Rheinzabern, bourg de la Bavière-Rhénane. Cette collection s'est beaucoup accrue depuis, et contient aujourd'hui des pièces fort curieuses, telles que de petits autels ornés de bas-reliefs, imitations d'ouvrages classiques, des coupes, dont l'une représente un beau buste de Jupiter, des vases et des fragments de vases, chargés de bas-reliefs. Malheureusement l'antiquité de plusieurs de ces objets paraît assez douteuse. M. Schweighæuser s'occupa à les classer, à en donner la description et l'explication; il croyait que parmi ces bas-reliefs les uns fournissaient une foule de données nouvelles sur la mythologie gallo-romaine, et il rédigea dans ce sens une série d'observations, tandis que les autres lui semblaient renfermer des données curieuses sur les mœurs et les costumes des Gaulois sous la domination romaine. Ces observations, en partie très intéressantes, ne sont cependant pas toujours à l'abri de toute critique.

Nommé en 1834 membre de la société royale des antiquaires de France, M. Schweighæuser envoya depuis à cette société plusieurs mémoires *sur les monuments celtiques des bords du Rhin et sur plusieurs antiquités romaines ou gallo-romaines, découvertes en Alsace depuis Oberlin* et qui avaient échappé à l'attention des archéologues. Il envoya plusieurs articles du même genre au *Bulletin monumental de la Société française pour la conservation et la description des monuments anciens*, dirigé par M. de Caumont.

Enfin il publia, à l'occasion du congrès scientifique tenu à Strasbourg en 1842, une *Énumération des monuments les plus remarquables du département du Bas-Rhin et des contrées adjacentes.*

Ce fut là son dernier travail; il le rédigea sur son lit de douleur, sur lequel il a écrit en outre 357 cahiers, renfermant le catalogue de sa collection d'antiquités, l'explication de ces fragments, de nombreux rapprochements étymologiques entre les langues hébraïque, grecque, latine, française, allemande et anglaise. Écrits d'une main tremblante, ce qui les rend en partie illisibles, ces cahiers sont l'une des preuves les plus frappantes de son immense érudition; fort souvent il y cite, à l'appui de ses opinions, des auteurs tant anciens que modernes.

Malgré toutes ces occupations, sa longue maladie devait amener bien des moments tristes et douloureux, où le sentiment des maux physiques qui pesaient sur cet esprit si actif, lui serait devenu insupportable, sans les soins infatigables de son épouse. En 1816, il s'était uni à Mlle Sophie Lauth, fille de M. Lauth, professeur d'anatomie, historien de cette science, membre du Séminaire, où il mettait avec un talent rare la physiologie à la portée des étudiants et en montrait l'application dans une foule de positions dans lesquelles le théologien peut se trouver. La vie des deux époux était des plus heureuses, entrant dans les vues de son mari, Mme Schweighæuser s'intéressait à tout ce qui faisait le sujet de ses études; elle l'accompagnait dans ses excursions, dans ses voyages; charmait ses loisirs par des lectures, par ses entretiens. Pendant sa longue maladie elle n'a pas cessé de lui prodiguer les plus tendres soins, avec une résignation d'autant plus admirable que la position sociale de ses parents, aussi bien que celle de M. Schweighæuser, lui avait fait connaître et goûter les nobles plaisirs du monde. Elle renonça à tout pour se vouer entièrement à son mari. Conduite belle et malheureusement trop rare. Ajoutons que M. Schweighæuser méritait ce noble dévouement par les qualités de l'esprit, non moins que par celles du cœur. Personne plus que lui, ne possédait cette affabilité, cette urbanité qui caracterise l'homme du monde. Élevé dans une famille qui aimait à réunir autour d'elle les hommes d'élite de tous les pays, où la mère donnait l'exemple d'une grâce et d'une finesse d'esprit généralement admirées; ayant vécu plus tard continuellement dans la meilleure société, notre collègue avait cette amabilité gracieuse que le contact journalier avec des hommes cultivés peut seul donner.

Mais ces qualités n'avaient point altéré en lui les goûts simples, surtout l'amour de la belle nature. Depuis sa première jeunesse il aimait les forêts de sapins et de chênes, les rochers tapissés de mousse, les chutes d'eau, les vallons riants; ses poésies, ses lettres, sont toutes empreintes de ce caractère; les nombreuses excursions qu'il faisait dans les montagnes entretenaient en lui ce goût.

C'est dans ces petits voyages qu'on pouvait apprécier son caractère : il était plein de prévenances et d'une complaisance admirable pour ceux qui l'accompagnaient, leur faisant remarquer tout ce que l'art ou la nature offrait d'intéressant et de beau; donnant à sa conversation tantôt le caractère sérieux d'un entretien scientifique, tantôt toute la grâce, tout le riant d'une conversation de salon. On apprenait beaucoup dans ces entretiens : le savoir de l'érudit, les observations pleines de goût du savant archéologue, les renseignements intéressants, les combinaisons ingénieuses, les rapprochements inattendus du penseur profond, rien n'y manquait. C'est là qu'on pouvait entrevoir combien de matériaux M. Schweighæuser avait réunis, mais celui qui pouvait l'observer dans son cabinet, voir les mémoires, les ouvrages qu'il a composés, ne pouvait assez s'étonner d'une application aussi soutenue. Le soin consciencieux avec lequel il travaillait, se montre dans tout ce qu'il a écrit; pas le moindre travail littéraire qu'il n'ait retouché plusieurs fois, tant pour le fonds que pour la forme; ses manuscrits renferment ordinairement plusieurs copies du même ouvrage; il n'y a aucune de ces copies qui n'ait subi quelque modification.

La patience qu'il avait montrée dans le travail ne lui manqua pas pendant sa longue maladie; quoiqu'il souffrît continuellement, il était toujours d'une douceur admirable, ne se plaignant que rarement, et tout au plus pour dire qu'il regrettait de ne plus rédiger avec la même facilité qu'autrefois.

Heureusement que sous ce rapport, comme sous bien d'autres, ses convictions religieuses le consolaient d'un mal passager; elles étaient fortes, fondées sur un examen suivi des différents systêmes religieux des temps anciens et modernes. Jamais ses études philosophiques n'ont pu ébranler sa foi; il pensait que le sentiment religieux peut très bien se concilier avec les conceptions les plus hardies de la philosophie; en même temps il ne rejetait pas, il exigeait au contraire pour la foi une base mystique, sans laquelle la religion ne lui semblait être qu'un vain fantôme. Il est intéressant de retrouver ces idées dans la plupart des travaux qu'il a laissés, de lui voir rechercher la vérité avec un soin si constant, et surtout reconnaître partout et toujours la haute importance d'une morale pratique, d'une foi se manifestant par les œuvres. La bienveillance envers tout le monde, le respect pour toute conviction consciencieusement acquise, étaient les conséquences nécessaires de sa croyance. Ce caractère aimable le rendait cher à tous ceux qui le connaissaient; il lui a valu l'estime de ses concitoyens, de ses collègues, de ses élèves et principalement de ceux qui ont vécu dans son intimité.

Puisse ce portrait de Geoffroi Schweighæuser, ne pas être resté trop au-dessous de ce savant si digne, si respectable, afin que ceux qui l'ont connu y retrouvent les traits qu'ils ont chéri, et que ceux qui n'ont point eu cet avantage, honorent aussi sa mémoire de leur estime et de leurs regrets.

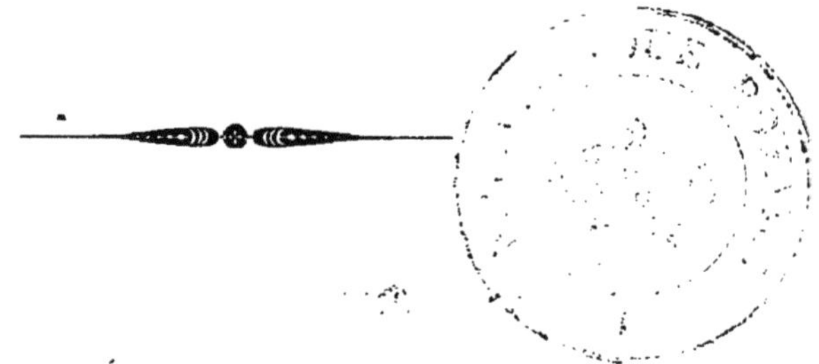

L'auteur de l'Éloge qu'on vient de lire a consulté la *France littéraire de Guérard, art. Schweighæuser* (2 pages 8.) et une *Notice* insérée dans la *Biographie spéciale des gens de lettres* (6 pages 8.) En remettant à l'auteur cette dernière pièce, corrigée de sa main, M. Schweighæuser dit à son collègue qu'elle pourrait servir un jour à celui qui serait chargé de faire son éloge académique; voilà pourquoi on l'a insérée presque textuellement dans le présent travail. — Outre ces deux articles, des papiers de famille, la correspondance de Schweighæuser, les manuscrits qu'il a laissés, les ouvrages qu'il a publiés, ont été consultés. — On a rétabli quelques passages supprimés à la lecture.

www.ingramcontent.com/pod-product-compliance
Ingram Content Group UK Ltd.
Pitfield, Milton Keynes, MK11 3LW, UK
UKHW021937200726
13855UKWH00007B/1262

9 782013 075329